그대가 봄

삼지시선

# 그대가 봄

김유미 시집

시인의 말

　장맛비가 하루 종일 거세게 내린다. 장대비가 코로나 바이러스를 다 휩쓸어갔으면 하는 바램이지만 자연과 우주의 섭리나 이치는 만만치 않음을 깨닫게 되는 요즘이다.

　올해 초 2020년 환갑이 되는 새해에 '인생 60'부터라는 옛말처럼 좀 더 다른 인생을 살고 싶었다. 육십 이전 나의 삶은 세상과 인생에 대한 무게로 무겁고 버거웠다. 그래서 육십 이후의 삶은 좀 더 가볍고 편안하기를 빌며, 나의 삶의 획을 긋고 싶은 마음으로 시집을 준비하기 시작했다.
　정리하고 보니 민낯을 세상에 내보내는 것 같고, 괜한 일을 스스로 벌이는 자신이 부끄러워 한참 처박아 두기도 했다. 그러다 건강이 점점 힘들어지기도 하면서 그래도 내 인생에 지금이 앞으로 남은 삶 중에 가장 정신이 맑을 수도 있겠구나 하는 마음이 들었다.

　시집이라고 하기에는 두껍고 시라고 하기에는 촌스럽고 부족한 시, 그러나 내 삶의 위안이 된 친구들을 육십이라는 나이를 빌어 용기를 내서 세상에 밝은 햇살 아래 내보낸다.

　이 시집을 만드는데 가장 큰 힘이 되었던 것은 함께 상담실을 운영했던 명창순 작가의 격려와 피드백, 원종훈 시나리오 작가님의 과한 칭찬이었다. 무엇보다 몇 년 동안 매월 같이 시를 써오고 좋아하는 시를 가져와서 함께 나누었던 풀잎학교 정헌섭 교장님을 비롯한 평화시 모임 식구들이다. 그리고 어려운 발문을 흔쾌히 수락해 준 방성예 방송작가님, 축사를 보낸 최영민 대표님, 시인이자 동서인 권오순님은 어려운 시댁생활의 든든한 동지와 축복이었다.

마지막으로 자신의 시가 별로 없다며 투덜대는 영원한 짝 이창희 님에게 그대가 있어 삭막한 인생이 푸른 초원이 되었음을 전하고 싶다. 또 사랑하는 두 딸 한길, 한솔. 제대로 보살펴 주지도 못했는데 엄마가 준 것보다 훨씬 더 큰 기쁨과 사랑을 주어서 언제나 고맙고 든든하고 멋지다. 이 보물들을 키워준 어머님께 깊은 감사와 존경을 하늘나라로 보내며, 혹여나 이 시집이 다른 이들에게 한줌 작은 빛이 되고 또 용기와 도전을 줄 수 있다면 더 큰 기쁨이겠다.

2020년 여름
김유미

■ 차례

시인의 말　005

## 봄
## 나이 마흔에

나무와 꽃　017
동숭동　018
상경上京　020
기침　022
가족　024
아침풍경　025
장보기　026
세수　028
설거지　029
어제의 그대는　030
내 마음속의 그대　031
어머니　032
바람　034
공감　036
애벌레　037
나이 마흔에　038
진돗개　039
화음和音　040
6월의 장미　041
무너진 함성, 1980　042

1987, 민주의 꽃 044
창살을 넘어 047
절망과 희망의 변주곡 048
너는 웃지만 051
자작나무숲 052

## 여름
## 화양연화

상사화 055
쑥 056
철쭉 057
화양연화花樣年華 058
그대가 봄 059
꽃이 지네 060
석양 061
물가에 심어진 나무 062
장맛비 063
밤비 064
밤에 내리는 비가 들려주는 이야기 065
빛 066
굽은 소나무 068
그림자 070
휘파람 071
구월 072
가을 하늘 073

가을에 떠나야지 074
가을 군무 075
11월은 076
낙엽이 지는 이유 077
입동入冬 078
겨울에는 079
겨울 하늘 080

## 가을
## 기다리고 흔들리며

흔들리며 083
다시 태어나도 084
눈물을 닦으며 086
부부 087
이별조차 안하고 떠난 당신 088
바위와 먼지의 사랑 090
기다리며 092
엄마 가지 마! 093
엄마 간다! 094
재회 098
엄마의 유품 100
딸에게 102
딸이 시집간다 103
언젠가 104
예단 보내는 날 106

아무도 모른다　108
가슴에 묻은 아이　110
치매로 살아가는 것은　111
며느리 애가　112
아름다운 이혼　113
솔아!　114
딸에게 보내는 편지　119
입양　124
동거　126
위험한 동거 1　127
위험한 동거 2　130
꽃집을 지나며　132
장마철 이사　133
집이 숨쉰다　134
돈 돈 돈　136
어제의 내가 사라졌다　138
2020년의 바램　140
언제인가?　142
코로나 19　143
그날을 부른다　146

# 겨울
# 나의 대지는

길　151
아프리카　152

Dune 45   153
몽마르트 언덕   154
우분투   155
두바이 안녕   156
협재 해수욕장에서   158
여행후기   160
나의 대지는   162
오래된 나라   163
911   164
뉴욕의 크리스마스   166
레드우드를 아시나요?   168
당신의 월든은 어디인가요?   170
진주 유등 축제   171
오름에 홀리다   172
북한에도 비가 오네   173
나답게   174
시를 쓰는 것은   175
참 열심히 살았네요   176

# 그리고 너머

신경치료   181
동심원   182
한숨   184
심장의 무게   185

소리가 사라지던 어느 날　186
정리　188
평화　189
아파도 또 하루를　190
첫 손님　192
꿈　193
살아가는 동안　194
감기 몸살　195
너머　196
밥상　197
마음이 아파　198
수용　200
우리는 모두 바보　201
나의 구원　202
순종　204
예순 살 생일　205
기도　206
절박한 희망　208
구름놀이　209
고백　210

**발문** 방성예　211
**축하의 글** 정헌섭, 명창순, 최영민, 권오순, 이창희　224

봄
나이 마흔에

  팍팍한 세월, 고난의 청춘이었다. 이 땅의 지식인으로 가난한 사람들, 약자들과 함께 해야 한다고 생각했다. 그 고통의 정점에 감옥살이가 있었고, 밤새 켜놓은 형광등 불빛 아래 하루도 편하게 쉴 수 없었다. 위안은 책과 편지……, 그리고 시를 쓰기 시작했다. 문학소녀의 꿈은 사치스러운 꿈이라고 생각했는데 시가 위안이 되었지만 그 시들은 다 까맣게 지워졌다.
  그리고 원인 모를 통증과 출혈이 계속되면서 병원과 노동운동을 떠나 대전으로 내려왔다. 사십이 되고 세상의 광야에서 지친 나는 삶의 광야를 마주하게 되었고, 상담공부를 시작하고 일상의 소중함을 깨치면서 글을 쓰기 시작했다. 나의 과거가 계속 흔들어대던 시절, 감정의 과잉과 서툰 글, 거칠고 투박한 나의 사십대가 녹아있는 글들이다.

# 나무와 꽃

벌레와 사람

우리 모두
서로를 껴안습니다

거친 얼굴 어루만지고
주름살 펴주며

굳은 허리 두들겨 주고
눈빛으로 이야기 나누니

봄입니다!

## 동숭동


낡은 돌계단 옆
슬픈 먼지 뒤덮은 강당 창문
오랜 추억처럼 스러지고

봄꽃과 젊음 눈부시게 빛나는데
웅장한 현대식 건물
옛 건물과 부조화 이루며 서 있네

서글프게 미소 짓는 함춘당 뜰에
유폐된 청춘과 벗들의 함성이
고통스럽게 맴돌고 있네

저 건물
저 골목
저 바람 사이

흘러간 날들 아직도 살아
어제의 약속과 내일의 바램
오늘도 잊지 마라 하네

푸르고 시퍼렇게 살라 하네

## 상경 上京


후드득 비 맞으며
바쁘게 오른 기차 타고
서울 간다
대전에서 2시간,
옆 사람 부딪힐까 웅크리며
신문 보고 조금 눈 붙이니
벌써 영등포역,
노량진 한강다리 지나 서울역이다
여전히 역 밖에는
술과 잠에 취한 노숙자들,
수많은 계단 오르락내리락 전철을 탄다
두 세 정거장마다 잡상인들 타고,
유독 아줌마 잡상인들이 많다
제대로 쳐다보지 못하는 눈길,
정거장 놓치지 않으려는 조바심과
그녀들의 빠르고 목 쉰 소리에
어느새 조잡한 물건을 산다
작은 가방 터지듯 분주하고
종종걸음 약속 쫓아다니니

벌써 해가 진다
헐레벌떡 대전행 기차 타니
환송하는 벗들 손짓,
가슴은 빈 술잔이 되고
머리에는 도시의 톱니바퀴가 삐거덕거린다

## 기침

멈춰야 한다
가쁜 숨을 헐떡이며
단전에 힘을 주어
안으로 삼켜야 한다

내뱉어서는 안 된다
한번 밖으로 나오면
제어할 수 없는
순환의 바퀴로 연속 된다

감기가 나아도
기침은 남아
목과 코로, 기관지와 폐로
어슬렁거리며 돌아 다닌다

밖으로 나가고 싶은
안타까운 유혹에
넘어가서는 안 된다
꼭 꼭 눌러야 한다

인내와 포용,
절제의 미덕으로
머리와 가슴
터지도록 달군다

# 가족

따뜻한 햇살 한 줌

서늘한 바람

춤추는 꽃 잔치

타는 목마름

바라보기만 해도

환해지는 축복!

# 아침풍경

"엄마가 나보다 더 빠르네"
살이 통통한 엄마 달리기에
아이 네 발 자전거 씽씽

"할머니, 저기 쑥 있어요"
손녀 맑은 외침에
구부정한 할머니 어기적어기적

"여보, 오늘 날씨가 조금 따뜻해졌지!"
아픈 아내 부축하며
새벽기도 드리고 오는 할아버지 소곤소곤

속옷 같은 흰 반팔 티셔츠
출렁거리는 뱃살 함께
아저씨 달린다 씩―씩
비쩍 마른 아줌마 달린다 헉―헉

해는 저만치 높이 올랐다

## 장보기


상큼한 오렌지에 막내 얼굴이
달달한 딸기에 큰 딸 얼굴이
아삭한 사과에 꺼칠한 남편 얼굴이
싱싱한 갈치에 주름진 어머니 얼굴이 보인다

얄팍한 지갑 얄밉고
가계부 숫자들 아른거리다
숨 한번 크게 쉬고 휘돌아
가장 할인 많이 된 오렌지로
크고 싱싱한 것 고른다

미국콩 두부 2개 1500원
국산콩 두부 1개 1500원
"미국 콩 두부도 맛있다"
……
농부 시커먼 한숨소리 맴돌아
짧은 유혹 지우고
당당하게 국산두부 산다

홀쭉해진 지갑만큼
무거워진 시장바구니
활기찬 밥상 냄새에
종종걸음 친다

# 세수

쏴-아
처얼썩
쉬-
뽀드득 뽀드득

어제의 나는
저만치 서 있고
오늘의 나는
내일을 흔들고

# 설거지

당신 손길과
입맞춤으로
더럽혀진 몸뚱이

탐욕스럽게
나를 탐하더니
뒤돌아 선 당신

부끄러움과 배신감에 물든 나를
물과 거품으로
거침없이 흔들어대네

환한 햇살 받으며 고운 자태로
다시 당신 사모하는
영원한 그대의 사랑

## 어제의 그대는


서걱서걱한 그대
왜 앞서 가지 못하고
뒤에 서 있나요

당당하고 거침없던
어제의 당신
왜 면도도 안 한
푸석한 얼굴 그대로 있나요

예리했던 그 눈빛 어디 두고
허공 속을 떠도는 그대 눈길
손 내밀어 잡아 보는데

함께한 세월이 흐르고
미움이 녹고
사랑이 내리네요
하염없이 흐르네요

## 내 마음속의 그대

그대는
내 마음속에
흐르는 강물
성난 파도로 굽이 치다가도
잔잔한 물결로 감싸 안다가도

어느덧
저 푸른 하늘
내 가슴속에
해로 뜨고 달로 뜨고
별로 지고

그러다가
시퍼런 산맥으로
되살아나는
요동치는
거역할 수 없는 맥동脈動

# 어머니

울고 있네요, 당신
이생의 연 너무 질겨
차마 발길 떼지 못하네요

새벽 동트기 전부터
하얀 수건 쓰고 정지 간에서 일하시던 당신,
겨울이면 골골한 딸 비닐 구두 아궁이에 덥혀 놓고
바로 만들어 온기 남은 양은 도시락
보자기에 싸서 주시던 당신

하루도 편한 잠 못 이루고,
따뜻한 아랫목에 자식 눕히고
당신은 거꾸로 칼잠 자며
안 들어 온 자식 밥,
아랫목에 이불 덮어 데웠던 당신

휴일이면 수제비 칼국수 빚어
많은 식구들 배 채워주고,
추운 겨울 비오는 날이면

버스 정류장에서 언제고 기다리던 당신
콩잎 따고 봉투 만들고 바느질 하며
머리카락까지 팔아 가난한 살림 꾸리셨던 당신

철없고 애먹이던 남편 가고
자식들 다 커서 당신 곁 떠났는데,
하얗게 샌 머리 이고
굽은 허리로
무얼 하세요?

이제 쉬어도 되는데
돌고 돌아 힘든 그 길을
정녕 혼자 가지 마세요
이내 가지 마세요

# 바람

한때는 부드러움으로
한때는 격정으로
한때는 분노로

휘감아 돌다
내처 흔들어대고
살을 에다

나와 보라 한다
쉬어라 한다
그만 놓으라 한다

다른 사물
흔들어 대어야만
보이는 너

너는 타자를 흠모한다
갈망한다

네 손짓에
흔들리는 우리

꽃이 되고
비가 되고
눈이 되고

## 공감

차가운 머리 필요 없다
하얀 눈으로 덮지 않아도 좋다
예리한 송곳 없다

함께 분노하고
슬퍼하고 기뻐하는 것

함께 있어주는 것만으로
이겨낼 수 있는 용기가 되는 것

너는 너로 괜찮고
나는 나로 괜찮고
우리는 우리여서 괜찮다

## 애벌레

아직도 살아있니?

비루한 몸으로
포기하지 않고

몇 번을 물구덩이 땅속에
처박힐 뻔 했는데

온몸으로 오른다
희망을 향해 꿈틀거린다

그냥 죽을 수는 없지
몇 년의 어둠과 기다림 끝에

빛나는 생인데!

## 나이 마흔에


살아온 날들이
물끄러미 쳐다보는데

바람이
훌
훌
날아가네

## 진돗개

어둠이 강물에 소리 없이 쌓이고
달빛 휘영청
시골집을 비추는데

진돗개 두 마리
앞산에 아버님 지키고
돌아오는 아이들 기다린다

## 화음 和音

당신과 나
길고 짧음이
맞물려

커졌다 작아졌다
높았다 낮았다
부드러워졌다가 거칠어지는 소리

가슴에 묻어 두었다가
다시 일깨우는 맑고 고운 소리
청아해진다

## 6월의 장미

6월이 가기 전에
내게 온 열 송이 장미

꽃은 시들어도
줄기는 생생해

그늘진 눈동자에
열정은 푸르고

차가운 물에서
생기를 되찾고

아직도 나를
설레게 하네

## 무너진 함성, 1980

민주주의 이야기만 해도
잡혀가던 막걸리 법,
대학에는 사복경찰이
학생들보다 더 많고,
학생들 못 모이게
장미 가시 꽃밭 만든
아크로폴리스 광장

철옹성 같던 군부독재
스스로 무너지던
1979년 10월 26일

청년들 거리로 거리로
민주주의가 싹트려는
1980년 5월,
전국에 계엄령 선포되고
대학은 휴교령으로 문 닫히고
군대 지프차와 군인들이
우리 도시를 점령했다

다시 민주주의는
군홧발에 짓밟히고,
광주는 우리의 희생양
나약한 우리들의 볼모
의인들 맨 손으로 짱돌로
시민들 주먹밥 만들며 저항했지만,
북한 사주 받은 폭도로 왜곡되어
철저히 차단된 채
광주시민은 아이 임산부까지
순결한 붉은 피 흘리며
산화해갔다

## 1987, 민주의 꽃


광주의 순결한 희생과 그들의 함성은
살아있는 자의 귀와 가슴에
생생하게 살아남아
학교에서 공장으로
빈민으로 농민으로

민들레 작은 꽃씨 퍼트리는데
남영동 대공분실 물고문으로
서울대생 박종철군 억울하게 죽고
그런데도 전두환 대통령
직선제 개헌 막고자
4.13 호헌조치 내린다

'호헌 철폐 독재 타도 직선제 쟁취'
'박종철을 살려내라'
연세대생 이한열이
최루탄에 맞아 또 죽자
더 이상 아들 딸 희생
두고 볼 수 없어

밥벌이의 무게에
민주주의 외면했던 우리들은

이제 경적 울리고 창문 열고
지지성명서 뿌리고
신부님과 수녀님들
교수들, 넥타이 부대가
거리로 나섰다

전 국민이
들불처럼 번져 일어나자
전두환 대통령은
결국 무릎 꿇고 물러갔다

그러나 더 이상
나약해지지 않으려는 우리는
섬유 공장 여성 노동자만 아니라
현대중공업, 자동차, 철의 노동자
지하철, 연구소, 병원, 학교,

은행, 사무금융 곳곳에서
노동조합 건설하고
일터에서 일상에서 민주주의 꽃 피운다

## 창살을 넘어


싸늘히 식어가는 그대를 안고
절망의 장벽 넘다 보면
쇠창살 너머로 숨 쉬는 조국

저 희망의 세상으로
가슴 저리게 젖어오는
동지의 땀방울 위로

내 다시 그 자리에
굳게 서야 할
승리의 노래

또 다시 불러다오
나 다시 불러다오
절망의 창살을 넘어

또 다시 잡아다오
내 손을 잡아다오
영원히 함께 갈 길을

## 절망과 희망의 변주곡

이제 더 이상 좁은 하늘도
막힌 벽도 아니다
그리움에 아파하지 않아도 된다

사랑하는 사람들
얼굴 마주보며
가슴 벅차게 껴안을 수 있다

육중한 철문이 열리고
너와 나
함께한 이 자리

감옥의 쇠창살보다 높고
플라스틱 접견창보다
더 정체모를 막막함이 가로막혀 있다

끝이 보이지 않는 패배의 늪
상처에 흐르는 피눈물
스르르 떨어지는 힘없는 손

축 쳐진 어깨
절망이 다시
우리를 감싼다

의왕시의 까치보다
더 높이
더 멀리 날고 싶다

더 멀리 날아갔다
다시 이 땅에
돌아오고 싶다

태어나서 한 시도 떠나지 못한 조국에
노동의 고된 땀방울 흘리는 노동자의 품에
끝없이 주는 사랑으로

흰 옷 입은 조상들이
푸르른 조국의 산천이

나부터 먼저 썩어지라고 한다

나부터 먼저!

# 너는 웃지만


접견창 너머로
보이는 흙빛 얼굴,
황토빛 수의와 어울리는
짧고 더부룩한 머리

거기 있는 당신은
혹독한 무더위에도 웃고,
바쁘게 다니던 당신의 다리는
좁은 감방을 답답해하고

당신의 아내는
행여나 오늘일까
기다림에 목이 길어지고
안타까운 눈동자로 서로를 나누며

제대로 보지도 못하고
돌아가는 길은 무겁기만 하고,
눈물로 시작하는
고통의 그 끝은 어디에

## 자작나무숲

언제부터 자작나무숲
너 거기 서 있었니
속살 드러낸 채
무얼 기다리며 나왔니
아픔은 아픔인 채로
온 뿌리로 땅을 버티며
삭히지 못한 설움
하얗게 하얗게 내뿜으며
하늘 향한 희망 하나로
그 빛 바라보며
온몸을 곧추 세웠구나
잔가지 하나 내밀어
흙빛으로 토해내며
푸른 잎 사랑으로 키웠구나

여름
화양연화

　힘들고 지친 나에게 위로가 되어 준 것은 말없이 그냥 이 땅에 서 있는 나무, 바람, 꽃, 하늘이었다. 어린 아이처럼 바위에 기대고 하늘 올려다보며 메마른 육신을 채워갔다. 말없이 다독여주고 품어주는 자연의 품안에서 무겁던 짐을 내려놓고 한 걸음씩 내가 할 수 있는 만큼 움직이자, 신기하게 휘파람 소리가 나왔다. 억눌렸던 영혼이 서서히 깨어나기 시작하고 작은 기쁨이 퍼져 나갔다.

## 상사화

푸른 산길
긴 꽃대 위에
화려한 꽃만 피어 있다

이룰 수 없는 사랑
기다리다 그리워하다
피운 꽃

절대로 한 눈 팔지 않고
자기만의 사랑
꼿꼿이 피워내고 있다

# 쑥

가게 들어서니
누가 쑤욱 손 내민다
겨울 이겨낸 봄의
여린 새싹이다

흙 털고 쑥 다듬어
쑥국 끓이니
구수한 된장냄새
엄마 향 난다

쑥 부침개 하니
친구들 재잘거리는 소리 들린다
친구야, 더 늦기 전에
쑥 캐러 가자

## 철쭉

병든 나무
치우려 했는데
꽃 피웠다
마른 나뭇가지
꺼뭇꺼뭇 시든 잎 사이
붉은 꽃 웃는다

겨울이 힘들었다고
토닥토닥
겉으로 보이는 게
전부가 아니라고
쉽게 포기하지 말라고
봄은 이미 왔다고 토닥토닥

## 화양연화 花樣年華

서린 한기 속에
보랏빛 향기 머금은 나팔꽃
활짝 웃는다

저녁에 지고야 말겠지만,
우리 인생에 저 꽃처럼
황홀하게 아름다운

화양연화,
한 번은 꼭 있으리
아니, 매일 꽃 피우리

## 그대가 봄

봄이 왔다고
함께 산길 걷고
강바람 날리는 머리 묶어주며
쑥 캐며 도란도란
벚꽃 귀에 걸어주는 그대가
봄이네

## 꽃이 지네

누구에게도
기대지 않고

무엇 하나
바라지도 않고

조용히 떠나는구나

살아서는 머리 한번
숙이지 않던 네가

스르르 고개 숙이고
곁에 있는 풀에 의지하며

땅에 눕는 구나

# 석양

점점 낮아져야
작아져야
제 몸 불살라야

내려갈 수 있다

주위 빛조차
다 안으로
숨죽이는 바로 그 순간

사라질 수 있다

다 버린 뒤에야
우리 안에 차오르는 너

## 물가에 심어진 나무

오늘도 너는
푸르름으로 살아

비바람에도
흔들리지 않으며
하늘만 바라보며
온전히 서 있구나

# 장맛비

비 피하려 우산 쓰고
비 그치기만 바라보다

비 내리는데
젖지 않으면?

조금 젖고 젖으며 사는 게
살아가는 거다

축축해야
장맛비다

## 밤비

얼마나 긴 길 헤맸을까?
네 더운 열정 액체로 응결되어
수직으로 내리는 시간은 얼마나 길었을까?

하고픈 이야기 얼마나 많았으면
어두운 침묵의 시간에
소란스럽게 너는 창문 두드리고 있니?

뜨거움이 차갑게
정제되어 태어난 너는
간절한 기도로 내게 다가온다

## 밤에 내리는 비가 들려주는 이야기

남들이 다 잠든 밤에도
소리 없이 제 일
하는 사람이 있어

쉬지 않고 비 내리고
마른 흙 적시어 촉촉해진 땅은
생명 품을 수 있어

다들 편안하게 자는 이 밤에도
잠들 수 없는 이들이
해내는 일이 있어

낮에는 울지 못한 그들이
밤새 슬픔 비워내고
동 트면 새 세상이야,

아침이야!

# 빛

우리는 모두 빛입니다
노력하지 않아도
빛은 계속 빛납니다

누군가를 위해
애 끓이고 속 태우지 않아도
그저 나의 빛만 비추면 됩니다

내 빛 꺼트리지 않고
계속 지키는 일,
자기 사랑은
이기적이거나 나쁜 것이 아닙니다

매일 세수하며
깨끗한 얼굴 보듯
매일 꽃나무에
물 주는 일입니다

신선하고

상쾌한 향기로
자기 빛 비추면,

그대가 빛납니다
세상도 빛납니다
모두가 빛납니다

## 굽은 소나무

산에서 보았네
갈지자로 뻗은 소나무
오르는 길에 사람들이 기대어
반들반들해진 굽은 등

쭉쭉 하늘로 높게 치솟은
주위 소나무와 달리
땅을 향해 고개 숙이며
허리 굽혔는데

어느덧 시간이 흘러
많은 이들이 쉴 수 있는
특별한 자리 만들었네

수직으로 곧게 서는
절개의 소나무가 아니라
수평으로 휘는
유연한 소나무 탄생했네

그리고 그 끝자락
소나무 가지는
푸르게 하늘 향했네

## 그림자

너 없이
빛이
이토록 찬란하더냐

한 없이
부끄러운 네가
나의 눈물인 것을

## 휘파람


봄 산이
새들이
노래한다

갑자기
휘파람이
나온다

겨울 버티고
살아나는
부드러운 흙 사이로

이름 모를
새들 소리와
바람결에

휘휘휘
바람이 분다
내면의 사슬 풀린다

# 구월

뜨거운 여름 견디어내는데
살며시 다가온 구월
바람이 시원하다

푸른 나뭇잎에
가을이
노랗게 물들기 시작한다

너를
바라보는 눈빛에
여유가 생긴다

## 가을 하늘

뜨거운 햇살
견디어 내고

온갖 더러움
소낙비로 다 씻어내고

사람들 가슴에 박혀있는
아픈 돌멩이 하나 둘

너에게 꺼내 놓으니
돌이 구른다

계속 구른다
구름도 같이 덩달아 출렁인다

빨랫줄에
네가 뽀송뽀송 걸려있다

## 가을에 떠나야지


떠나야지
이 말을 가슴에 품고

이 가을엔
홀로 떠나리라

빈 가슴 수십 번
쓸어 담고서야

싸리나무 꽃잎
붉게 물들고

들국화와 억새풀 손짓하는
착한 산

푸석 푸석 갈라진 마음 위로
뚝뚝 떨어진다

# 가을 군무

뜨거운 햇살 지나가고
푸른 잎 노랗게 기운 잃고
바람에 내맡긴 나무
잎 떨군다

이제 내려갈 때,
충분히 빛났던 여름 품고
새로운 존재 위해
땅으로 떨어진다

가볍게 내려가는
우아한 산화,
여기저기에서 피어난다
고독과 사랑으로 피어나는 군무

# 11월은

알몸으로
홀로 서야 한다

두렵지만 본질만
남는 시간

늙은 너와 내가
건너왔던 수많은 강들이

파도치고 있다
돌아봐도 아득한 사연들 남기고

세월의 흐름 속에
젊은 치기는 단단해지고 깊어져

이제 두 손 맞잡고
겨울을 향해 뚜벅 뚜벅 가고 있다

# 낙엽이 지는 이유

낙엽이 지는 것을 본 적 있는가
바람이 그를 떨어뜨리는 것이 아니다
스스로 지는 것이다

오늘 나는 서리가 하얗게 내린 땅 위에 선
은행나무가 또 이름 모를 나무들이
젊음을 보내는 것을 본다

아무도 보내라 하지 않으나
그들은 준비된 듯
가볍게 툭 툭 날아간다

살아있는 모든 순간 다 바친
그들의 마지막이
이토록 고요하면서 부드럽다

나도 저렇게 가고 싶다
가장 빛나던 순간 가슴에 품고
가볍게 떠나가고 싶다

## 입동立冬

가을비에
나무는 옷 벗고
벌거벗은 몸으로
찬바람과 마주 서 있다

스산한 마음에
라디오 켜니
남쪽 어딘가
개나리꽃 피었다 한다

이제 겨울이 무섭지 않다
벌써 봄이 기다리고 있다

## 겨울에는

내가 이룬 모든 것
빛나던 그 순간도
찰나인 것을

내 속의 가장 귀중한 것도
부끄러운 것도 다 버리고
추수 끝낸 빈 들판처럼
비움의 정화수 길어 올릴 때

서늘한 냉기를 건너 마주치는 하늘의 축복
마른 가슴에 흰 눈꽃 핀다
평화는 다 버려야 온다

## 겨울 하늘

웅크리고, 땅만 쳐다보고
걸어가다

문득 올려다 본
하늘

파랗고 말간 얼굴로
나를 보고 있다

다시 땅을 보니
햇살이 보인다

그래 너 덕분에
이렇게 왔구나

혼자 애쓰고 낑낑대며
올라온 줄 알았더니

높은 하늘이,
해와 바람이 동행하고 있다

가을
기다리고 흔들리며

삶은 기다림과 흔들림의 연속.
누군가를 기다리고 그리워하고 가슴 아파하며, 또 흔들리고 있다.
기다리고 흔들리며 우리의 삶은 가족을 만들고 떠나보낸다. 사람이 아닌 동물까지 가족으로 입양해 만나며, 외로움과 빈자리를 채우고 또 이별하고 있다.

# 흔들리며

오늘도 아이의 한숨에 흔들리고
늙은 부모님의 전화에 흔들린다
무심코 던지는 타인의 빈정거림에 흔들리다가
나무가 바람에 흔들리는 것을 본다
햇살에 꽃잎이 흔들리는 것을 보다가
흔들리는 나의 삶이 울고 있다
비바람을 버티고 견디어낸
굵은 나무처럼
더 푸르게 자라는 잎새 마냥
너도 살아가는 거라고
흔들리며 피어나는 거라고
흔들리는 내가 나를 바라본다

## 다시 태어나도

결혼의 성년

하나도
셋도
열도 아닌

서른의 숫자가
힐끗
결혼 삼십 주년

너를 만나기 전 나는
나를 만나고 너는
얼마나 진화했는가?

때로는 감미로운 영화처럼
휘몰아치는 파도처럼
부드러운 구름처럼
그대와 나눈 사랑의 역사歷史

때로는 익은 감처럼,
사시사철 서 있는 느티나무처럼
매일 숨 쉬는 공기처럼

더 깊고
더 가까이
함께 할까요?

우리!

## 눈물을 닦으며

눈물은 하루에도 여러 번
닦아야 한다

며칠 게으름 피우며
설마, 돌아보면
얼굴이 흉해진다
시커멓다

산다는 건 눈물을 흘리는 것
또 눈물을 닦는 것

내 눈물
아파하고 위로해주는
그대 손길도 그립다
눈물겹다

## 부부

가장 많이 화를 내고
자주 울게 하는 사람

가장 설레게 하고
가장 큰 기쁨을 준 사람

가장 빛나는 순간을
기억하고 찾아 주는 사람

가장 힘들고 기쁠 때
모두 함께 한 사람

앞으로도 추억 같이 나누며
서로의 약함을 안타까워 할 사람

언젠가 한 사람이 떠나면
빈자리 우물 매일 퍼 올릴 사랑

## 이별조차 안하고 떠난 당신

당신은 한 순간도
쉼이 없었군요
인간의 굴레를 쓰고 살아가느라

스스로 밥조차 하기 힘들자
자식 며느리에게
짐이 되기 싫어

그냥 떠나기로 했나요?
이별의 말도 부탁의 말도 한마디 없이
무엇이 그리 급했나요?

육신의 허울 훨훨 벗고 나니
이제 당신은 평안한가요?
자유로운가요?

오히려 이생의 나를
위로하러 온 당신은
가볍게 날아왔네요

생전에 좋아하던
노란색 나비가 되어
부드럽게 잠시 머물다 갔네요

그곳은 천국인가요?
지옥인가요?
또 다른 곳인가요?

참 궁금해요
보고 싶어요, 열심히 산 그대가
그토록 가고 싶었던 영원한 세상이

## 바위와 먼지의 사랑


당신은 바위처럼
굳세게 나를 위해 서 있는데

나는 가볍게
당신을 넘고 넘었지

언제나 해가 지고 어둠이 내리고 나서야
 밖의 먼지를 무겁게 끌고 들어왔지

늙음과 죽음의 그늘이
당신에게도 덮쳤는데

당신 자신보다
자식의 삶이 더 안타깝다고

반백의 딸이 만든 음식
모래알처럼 입에 맴돈다며 웃는 당신

먼지는 무거워지는데

바위는 점점 가벼워지는데

## 기다리며

비 그치기 기다리며
약속 시간 기다리며
데이트 상대 기다리며
자식이 돌아오기 기다리며
해 뜰 날 기다리며

그렇게 기다리며
목이 길어지고 등이 굽고
나이가 든다
기다림으로 가슴이 푹푹 미어질 때
생의 우물은 조금씩 차오른다

기다림은 품는 것
나를 찾아
다가오는 너를 찾아 기다리며
삶이 익어간다

# 엄마 가지 마!

하얀 백발
백 살이 다 되어가는
뼈만 남은 어머니

가쁜 숨 몰아쉬면서
안 아프단다
힘든데 없단다

밥 먹고 가란다
외손녀 시집 보내란다
아들 조심해서 가란다

엄마는 아파도 늙어도
하직하는 그 순간에도
엄마이기를
포기하지 않는다

나도 절대로 엄마를 포기하지 않겠다

# 엄마 간다!

엄마 주무세요?
안 잔다

작은 실눈 뜨시며
웃으실 듯 조용히
떠나셨네

영감처럼 보이는 큰아들
걸음 어려운 둘째 백두산 아들 보시고

가장 엄마 사랑한 미국 셋째 아들
언제나 자랑이던
큰 손자는 못 보시고 가셨네

바쁜데 부르지 마라
뭐 할라꼬,
오래 살았다

막내딸 병원 노조 감옥살이 일 년 동안
홀로 키운 외손녀 결혼 때까지

한 달만 버텨달라는 딸의 말에
걱정마라,
고개 끄덕이시더니

괜찮지 않으셨네요
죽음의 사투 벌이면서도
엄마 흔들면
괜찮다,

내가 누구야?
우리 딸, 김 유 미

치매판정 받으며
내 이름 잊으면 안 된다하니
절대 안 잊겠다더니
끝까지 그 약속 지켜주셨네

혀가 갈라지고
산소마스크로 가쁜 숨 몰아쉬어도

마른 입술 닦아주면

빙그레 웃던
천사 같은 우리 엄마

아무 욕심없이
집착도 미련도 다 내려놓고
휙 가버렸네
냉기 댁이 소답 댁이

당신 뿌린 씨앗
당신 기억하고 그리워하는
모든 발길
아침부터 밤까지 끊이지 않는데

저렇게 웃고 계시네
하얀 국화 백합 수국 장미 카네이션에 둘러 싸여
청초한 맑은 향기 내시며

안녕, 고마워요
밥 잘 챙겨 드시고 잘 가시라

한 많은 세월
다 용서하고 다 사랑하고
저리 가볍게 편안하게
웃고 계시네

## 재회

까치가 깍깍 반가운 손님 오셨다네
25년 동안 기다려 온
조강지처

신혼 첫날 밤
족두리만 벗겨주고 술 취해 자버려
병풍 아래 바람소리 들으며 홀로 새우게 한 그 신랑

죽고 나니 철들었네
딸 꿈에 나타나 감싸 안으며
내가 돌볼 테니 걱정 말고 네 식구나 챙기라하시네

99세 백발이 되었어도
여전히 단정하고 고운 내 색시
세평 남짓 좁은 땅이지만
함께 누워
생전에 같이 못 한 시간들 누리시네

이제 당신 홀로 외롭지 않으리

바람소리 새소리 함께 듣고
눈비 함께 맞고
꽃향기 풀 향기 맡으며
영원히 함께 하리니

성수가 뿌려지고
꽃이 뿌려지고
흙이 덮여지고
꼭꼭 밟아주는 발길들

고맙다
너무 슬퍼마라
열심히 살거라
꼭 행복하거라

훨훨 날아가는 엄마의 빛이
잠시 내 몸을 감싼 듯도 하네

## 엄마의 유품

낡은 엄마 장 정리하니
해지고 낡은 고무줄 바지
한 번도 입지 않은 깨끗한 속옷
언제 입으려고 하셨나

무심코 작은 서랍 여니
유일한 목걸이 하나
외손녀 다 키워주신 엄마에게
고맙다 말 한마디 못하는 사위가
익산에서 맞춘 자수정 목걸이

딸이 준 대학 졸업반지
오래 끼어 실반지처럼 되었고
다른 할머니들 반지 부러워 만든 쌍가락지 금반지는
금방 손가락 가늘어져
얼마 끼지도 못한 채 그대로 있네

언제나 고상했던 우리 엄마
근데 엄마는

평범한 화분에 초라한 꽃 같은 인생이라고
한탄했는데 이제야 알겠네

높은 안목에
옷 하나 반지 하나
마음에 드시는 게
하나도 없었다는 것을

우리 형편 보고 요구하지 않은 것을
엄마 가시고 나서야
육십 다 되어서야
왜 이제야 보이는지

주인 잃은 물건들도 쓸쓸해져
내 눈치 보는데
제발 좀 꾸미고 다니라는
엄마의 목소리가 나를 맴도네

## 딸에게

바람보다 더 먼저 날아가고
풀잎보다 더 빨리 눕고
눈물보다 더 많이 아파하는

나는 엄마!

# 딸이 시집간다


딸이 시집간다
딸은 결혼준비에 동동거리며
새 삶의 기대에 물들어있다
이제 밝고 화사한 그녀의 웃음과
재잘거림 떠나가고
두 노인네의 후줄근한 속옷
거실 옷걸이에 걸려있겠지

엄마 나이는 아이 나이와 같다더니,
이제 아이는 더 넓은 세상으로
성큼 나아가는데
엄마는 자꾸 뒤로 간다
길가에 뒹구는 바랜 낙엽 한 잎
푸른 청춘 질투하며
어제의 싱그러움 아쉬워 한숨 쉰다

# 언젠가

언젠가
너는 떠나야 한다고
너를 보내야한다고
너를 밀었지만

언젠가
나도 병들고 늙어
이 세상에서 사라져
너에게 힘을 줄 수 없겠지만

세 살의 귀여움과
열 살의 엉뚱함과
열여섯 살의 치기와
스무 살의 당당함과
스물네 살의 아름다움과
서른 살의 빛남

고장 난 영화 필름처럼
반복되는 여러 장면들 속에서

너는 커다랗게 다가오고
나는 보내고 싶지 않은 너를
가슴에 안는다

더 찬란하고
새로운 역사를 이루어야 할
너의 미래
숨죽여 갈망하고
신의 질투도 비껴가기를
조용한 기도 보낸다

## 예단 보내는 날

삼십 년 넘게 키운 이쁜 딸
시집에서 잘 봐달라고
아버지는 시부모 시할머니 형제들 한복 값을
새 돈으로 준비하고
엄마는 고운 분홍 천에 싸고
딸은 새벽에 남대문 시장 가서 꽃을 사고
밤새 꽃꽂이 한다

새 며느리 달달하게 사랑해달라고
찰떡과 맛있는 과일 바구니
대천 향토음식 국산 찹쌀 생강 유과까지 챙기고
딸은 또 자수 손거울과 은 귀후비개도
자개 서랍장에 넣어 비단 보자기에 싼다

낯선 환경
낯선 사람 둘이
가족으로 만나는 일
조금만 어긋나면 마음 상할까
살얼음 위를 걷듯

가지런히 정성을 다한다
편안하고 아름다운 꽃길이 되길
두 손 모아 기도한다

## 아무도 모른다

지금 여기서
눈뜨고 보고 듣고 만지는
너에게 걸어가는 몸짓
모든 것이 사라지는
거기는 어디니?

살아있는 이는 누구도
갈 수 없는 거기
너는 기어코
살아있는 부모마저 외면한 채
그렇게 빠른 걸음 재촉했니?

너는 우리에게
울지 말라고 하겠지
복수로 부은 무거운 다리도
슬픔도 아픔도 한숨도
다 사라졌니?

우리가 모두 가야 하는 그 곳

그때가 언제인지
아무도 모르지만
아들, 동생, 형으로 최선을 다한
네 삶의 흔적
영원히 기억할게

## 가슴에 묻은 아이

와 야가 병원을 그리 안 갈라고 했던가
지가 죽을 줄 알아서 그랬나
부모 고생할까봐 안 갔나
한 번도 부모 말 어긴 적 없고
동생과 싸움 한번 한 적 없던 야가
와 병원은 그리 안 갈라고 했노
기가 막힌다
자다가도 벌떡 일어나고
가슴에 불이 타고 속이 쓰린다
야속타 아들아
꽁꽁 닫힌 문 앞에
망자에게 복을 빈 기도가
왜 나왔노
내가 미쳤제

## 치매로 살아가는 것은

85세가 넘으면 백 명 중 40명이
치매로 살아간다

다들 두려워 하나
이제는 죽음이 오기 전에
먼저 가는 길

초등학교 가듯이
설레지도 않고
가족 모두가 무거워지는데

생각이 조각나고
집도 방향도 모르겠고
가족도 낯설어지는데

너와 함께
어떻게 살아가야 하니?

# 며느리 애가

자식도 아닌데
시부모를 더 잘 돌봐야 하고
친정과는 멀리 떨어져 살아야 하는 여자의 생

명절에는 친정 가기도 힘들고
결혼하면 호적에 빨간 줄로 가위질당한 삶
아직도 너의 망령 이 땅을 뒤덮고
며느리 마음 우물 안에는 더 깊이 박혀 있다

시어머니 목욕시키고 기저귀 갈다
고생만 하고 돌아가신 친정 엄마
따뜻한 밥 한 그릇 제대로 못해준 게 떠올라
밥숟가락이 무거워진다

## 아름다운 이혼

축하해,
나로부터 벗어나서
고마워,
나에게 자유를 주어서

* 지인이 이혼 후 전배우자에게 보낸 문자 메시지

## 솔아!

솔아 솔아 푸르른 솔아
샛바람에 떨지 마라
창살 아래 네가 묶인 곳
살아서 만나리라

너는 엄마 뱃속에서
이 노래 들으며
한 평도 안 되는 좁은 감방에서
자유 그리워했다

언니와 달리
어릴 적 순둥이로
잘 먹고 잘 자며
쑥쑥 컸다

"I can do it!"
어디서 배웠는지
유치원 가기도 전에
이 말을 자주 했지

동네 언니 오빠들 다니는
초등학교 가고 싶어 맘 졸였지만
막상 학교에 가서는
점점 먼 산 보는 아이가 되어갔지

허지만 친구들과는 다락방에서
연극 만들고
공연 하며
즐거워했다

중학교 첫 시험
달랑 필통만 들고
공부도 눈으로 대충하더니
성적표 보고 놀라워했지

고등학교 시절
반장도 하고 춤도 배우더니
야간 자율학습 거부하고

답답한 학교 자퇴하겠다고 졸랐지

한국의 의학
한의학은 세계 최고 의학이라고
아빠에게 당당하게 주장하더니
본과공부 시작하고 우울의 늪에 빠졌다

아무 것도 하고 싶은 게 없다는
너에게 힘이 될 것 같아 입양한
강아지 몽이는
이제 6살

그래도 6년
아니 다리가 아파 휴학한 1년 합하면
7년 대학생활 끝에
무사히 대학 졸업했다

그리고 남미로 인도로
발리로 여행 떠나며

길 위에서 행복
삶의 즐거움 알기 시작했다

지금 다시 병원으로
한의사 가운 걸치고
환자들 돌보는
치료사의 길 가고 있구나

잠도 부족하고
오래 서 있느라
다리도 붓고 힘들지만
아직 너의 피는 뜨겁다

병원의 부조리와
환자들의 부당한 요구에
일하는 사람들의 나약함에
화가 났구나

울고 있구나

쉽지 않는 인생길
네 상처에 빨리 새 살 돋고
더 단단해지길 기도한다

## 딸에게 보내는 편지

오늘도 너는 환자들 돌보고
끝없는 환자들의 요구 들어주느라
다리 붓고 잠도 못 자며
피곤한 얼굴이겠구나

그래도 너를 기다리고
네 치료로 편안해진
환자들 보며
작은 위안 얻겠구나

전문인은 특히 의사는
하늘의 별과도 같은 존재이다
각자의 위치에서 빛을 뿜어내어
어둠에서 길 찾아가게 도와주는 사람이다

아직 너는 너의 길 찾지 못했다고 했지
소명은 쉽게 찾아지지 않아
간절하게 자신의 길 찾다보면 다가오기도 하고,
너에게 주어진 길 걷다 보면 깨닫게도 된다

엄마는
네가 너 자신을
무엇보다 소중하게 여기고
너의 목소리를 들으려고 하는 게 좋아

좀 더디 가더라도,
다른 사람들과
다른 길을 가더라도
언제나 너를 응원한다

그리고 우리 딸이
더 많이 웃고,
세상의 즐거움 더 풍성하게
누렸으면 좋겠다

친구들과 더 많이 놀고,
동료들과 '좋은 병원' 만들고
좋은 의사 되기 위해

더 치열하게 논의하거라

선배들과 윗사람들의
경험과 의술 존중하고
겸손과 순종의 미덕
발휘하기 바란다

조직의 권위와 명예 존중하지만
부당한 요구와 압박에는 낮은 위치지만
비굴하지 않게 당당하게
네 목소리 내기 바란다

아직은 선배들과 원장들
의술 배우고 익히느라
이십대인 너는 힘들겠지만
연습은 결코 너를 실망시키지 않을 거야

6년간의 의대 공부
4년의 인턴, 주치의 수련 마치고 나면

영국에서 살고 싶다고 했지
너는 집을 갖고 싶지 않다고 선언했지

유목민처럼 언제든 떠날 준비가 되어있다고,
가능한 꼭 필요한 것만
조금 갖고 있는 너는
참 멋지구나!

대학 졸업하고
이제 부모로부터 독립하려고 하는구나
엄마도 너를
이제 세상의 딸로 내 보낸다

기쁜 일 있으면 우리는
뜨거운 박수 치고
힘든 일 있으면
언제나 함께 할 거야

너를 그리워하며

너를 기다리는 우리는
언제까지나 너의 씨앗 품고
네 행복 기도할 거야

## 입양


까맣고 커다란 눈동자로
나를 바라보는 너
하얀 손발 들어 플라스틱 공간에서
구출해달라고 톡톡 쳤다

개 공포증 있다며
털 날린다며
만질 줄도 모른다며
강아지 못 키우겠다던 내가

입양서류 쓰지 않으면
만질 수도 없다는
애견관리사 말에
입양원서 쓰고 말았다

안자마자
얼굴 기대며
쿵쿵쿵 빠른 심장소리로
내 가슴 두드린 하얀 털의 말티즈

현실적 생각은 잠시 외출 중
이생인지 꿈인지 아련하게
너는 '몽이'가 되어
우리 집에 들어왔다

# 동거

가슴 새근새근
팔베개 베고 자다가도
작은 소리에도 소스라치게 놀라는 너는

몸무게만큼
작은 심장으로
이 세상 버텨내고 있구나

너보다 더 키가 큰 나는
너보다 더 큰 가슴으로
무엇을 감당하고 있나

나의 둔하고 불규칙한 가슴이
너의 작고 빠른 심장에
가만히 다가간다

# 위험한 동거 1


인간의 욕심으로
실험실 네모난 공간에 갇혀
독극물 주사 맞고
필요가 없어지면 죽음을 맞거나 버려지는
비극의 실험동물, 비글 개

인간의 잘못에 대한 미안함과 연민으로
너와의 동거는 시작되었다

실험실 마당에
기죽어있던 너는
커다란 몸을 우리에게 던지며
가슴까지 뛰어오르며
해맑게 웃었다

스물 네 시간 같은 온도와 조건으로
설계된 인공의 실험실, 그곳으로 돌아가고 싶은지

낮에도 밤에도

늑대 같은 울음 토하고
온몸을 뒹굴더니
어깨 줄과 목줄 모두 벗어던지고
집 나갔다

새벽부터 온 산과 동네 헤매며
찾아간 동물보호소
철조망 네모난 낯익은 공간에서
만난 지 하루밖에 안 된
우리를 반기며 꼬리 흔들었다

아직도 쇠줄에 묶여 있는
길들여지지 않는 너는

흙과 나무와 풀과 바람
사람들과 동물들의 소리 듣고
냄새를 맡으며

함께 산책하고

함께 앉아
바람과 밤이슬 맞으며
점점 복돌이가 되어간다

## 위험한 동거 2

새로운 비글 복돌이 등장에
우리 집 작은 강아지 몽이가
거실 방충망 뚫고 집 나갔다

체구도 세 배가 넘고
마구 짖어대며
몽이가 좋다며 뛰어오르는 복돌이

사람 좋아하며
애교 있고 조용하게 다가오는
순하고 조심성 많은 몽이

아무도 없는 집은
밖에서 짖어대는 복돌이의 커다란 존재에
더 이상 안전한 공간이 아니었다

온몸으로 거실 쇠방충망 뚫고
집 나간 몽이는 길 헤매다
동물보호소에 잡혀갔다

밤새 이름 모를 개들의 울음과 냄새
낯선 공간에 갇혀
큰 눈만 우리를 바라보며 얼어 있었다

집에 돌아와서도
몽이는 창 철조망 뜯고 오줌 흘리며
현관문을 이빨로 발톱으로 다 찍어댄다

왜 저 아이 데려왔냐며
나만 이 집에 혼자 살 수는 없냐며
고통과 분노 드러낸다

큰 소리로 짖지도 못하고
정체 모를 복돌이 움직임과 소리에
모든 신경 곤두세우고 있다

## 꽃집을 지나며

이제는 드릴 수 없는 카네이션
해마다 달아드린 그 꽃
매번 "뭐 하러?" 하시더니
돌아가시기 전에야
"어버이날 카네이션 사오는 딸은 너 뿐이었잖아"

회갑이 다 되어서야
알게 된 엄마 마음
알고 나니 엄마는 가고
주인 잃은 카네이션은
허공만 쳐다보고

## 장마철 이사


쏟아지는 빗줄기
일기예보에 가슴 졸이며
이삿날 거듭 바꾸었는데
이제 태풍까지 불어와
그날도 비가 온다네

도배며 가구며
온갖 일들 엉망 되어
새 집으로 들어갈 설렘도
저만치 가고
이삿짐 꾸러미와 습도
무겁게 집안에 가득하다

내리는 빗방울 하나에도
하늘의 이유를
우리 집 이사보다 더 큰 마음 헤아려 보다가
비온 뒤 베란다에 걸린
뽀송뽀송한 작은 햇살
좁아진 마음에 들어와 배시시 웃는다

# 집이 숨쉰다

아파트도 집인데
하늘이 다르다
높은 계단만큼
하늘도 높다

주택은 하늘이 가깝다
흙 밟고 집에 들어서니
흙 묻은 벌레
집안에 돌아다니고

밤이면 자주 깨어
나이 들어 그런가 했더니
여기서는 새벽에도 깨지 않고 푹 잔다
길고양이도 들어와 새끼도 낳는다

아파트도 주택도
다 집인데
아파트는 편리한 감옥살이

주택은 앞으로 옆으로 열려 있다
밤에 가끔씩 집이 숨 쉰다
나도 숨 쉰다

## 돈 돈 돈

어릴 적 방 하나
가져보는 게 소원
육십이 다 되어서
작은 마당 하나 있는 집
이제 가질 수 있을까
욕심 부렸더니
밤마다 노심초사

내 땀방울 흘리지 않은 것에
욕심낸 적 없고
이자는 쥐꼬리만큼 주더니
필요할 때는 못 빌려준다며
문 닫는 차가운 은행
잔금 낼 시간 다가오고
늘어나는 한숨 심장의 담금질

정부 원망한들 소용없고
고리 이자 감당하더라도
결국은 짊어져야 할 멍에

육십에 배운다
너의 중요성
너의 무서움
뼈 속 깊이 새긴다

## 어제의 내가 사라졌다

낯선 내가
거울 속에 있다

속눈썹이 자꾸 찌르고
눈가가 짓물러
치켜뜨느라 늘어난 주름

별 거 아니라며
권유받은 안검 수술
쌍꺼풀 수술

마취 도중에도
"제발 자연스럽게"

팅팅 붓고 꿰맨 흉터자국
거즈 붙이고 선글라스 끼고 나선다

엄마한테 물려받은
쌍꺼풀 없는

밋밋하고 순한 실눈은 사라졌다

젊고 예뻐지고
더 건강하고 싶은 유혹에
잠시 이브의 사과 먹은 나는
이브의 고통도 감당해야 한다

더 예뻐져도
더 미워져도
이번이 마지막
처음이자 마지막 성형수술!

## 2020년의 바램

하나가 아니라 둘이여서
따뜻한 해
외로운 이들에게 다가가고
친구와 더 많이 더 자주
슬픔과 기쁨 나누고

가지는 것보다
비우는 것 더 많이 해서
내 것 네 것 따지지 말고
나부터 내려놓기를

텅 빈 자유도 사랑하고
침묵 허용하고
우리 모두 무한대가 될 수 있는
너와 나의 시간과 공간이
펼쳐지기를

유한한 너와 나
우주와 연결하고

신과 하나 되어
영원히 잊혀지지 않을
별이 되어 빛나기를

## 언제인가?


어릴 적 꿈꾸었던 집
갑자기 눈앞에 나타나
단단한 돌과 벽돌로 외벽 둘러싸고
창가에 푸르게 빛나는 나뭇잎
햇살 담은 창
나무 향 나는 높은 천장

꿈이 현실로 나타났는데
현실이 과거인 듯
언젠가 살았던 곳
이생은 아닌데 전생인가?
어제가 기억되는 오늘

돌고 도는 시간 회전 속에
갑자기 헤매는 현실과 환상의 경계
넘나들다 나도 잃는다
우주의 시공간 속
찰나가 영원일 수도

# 코로나 19

눈이 아니라
마스크로 인사한다
"가까이 오지 마!"

중국인 한국인
아시아인이 다 바이러스다
"너희 나라로 가라!"

중국 우한에서부터
시작한 코로나 바이러스
한국에서도 이태리 밀라노에서도
더운 나라 중동 이란에서도
미국 뉴욕 맨하탄에서도
전 세계를 떠돌고 있다

입국 금지
여행 금지
접근 금지
자가격리
단체격리

치명률은 심하지 않지만
전염력 엄청나네
식당에 함께 있고
엘리베이터에 같이 탔을 뿐인데

마스크 내놓아라
소독제 없다
라면 생필품 사재기

인간이 바이러스로 보이는
2020년

가장 작은 바이러스가
지구별의 주인으로 착각했던
인간을 공포로 몰고 있다

공장 폐쇄
백화점 미술관 극장까지 폐쇄
세계 경제 휘청거린다

함부로 나갈 수 없는 우리는
이제 안으로 들어간다

꽉 찬 냉장고도 비우고
집안 정리도 하고
못 본 책도 보고
요리도 하고 십자수도 놓고
부족했던 잠도 잔다

기다렸던 목련이 하얗게
수국이 제라늄이 매화가
산에는 진달래가 산수유가 개나리가
분홍으로, 붉게 노랗게
지천으로 피어난다

우리들 가슴에
지친 어깨 위에

## 그날을 부른다

친구들과 봄나들이 가고
쑥 캐러 들에도 가고
봄바람에 웃음 터뜨리고 싶다

커피 향 좋고
바깥 경치 좋은 카페에 앉아
시간 가는 줄 모르고
수다 떨고 싶다

음식 솜씨 좋은
식당 주인 음식
후루룩 소리 내며
땀 흘리며 먹고 싶다

전시회에도 가서
잘 볼 줄 모르지만
작가 영혼 느껴보며
가족들과 감상하고 싶다

학교 운동장에
어린 소년들 뛰어 놀고
와자지껄 청소년들 어깨동무하며
길거리 걷는 모습 보고 싶다

종소리 울리는 성당에서
여러 형제자매들과 성가 부르며
신에게 함께 기도드리고 싶다

마스크 벗고
만나는 누구든 얼굴 바라보며
긴 지옥의 시간 견뎌낸
서로를 격려하며 포옹하고 싶다

겨울
나의 대지는

길에서 사람과 삶, 역사를 만났다.
어릴 적부터 염원했던 아프리카 밀림을 가보고,
뜨거운 태양과 아름답게 지는 석양을 바라보고,
자연과 우주의 광활함에 감동하고 전율했다.
그리고 돌고 돌아 나의 삶의 터, 공간과 시간을 이어간다.

# 길

제대로 가고 있는 거니?

길이 원래 있던 거니?

다른 길로 갈 용기는 있는 거니?

내 길은 나만이 가는 길일까?

내가 아닌 너에게

보이지 않는 나에게

묻고 또 묻는다

## 아프리카

지구 반 바퀴 돌아
너에게 왔다
메마른 땅
가시 있는 아카시아 나무
붉은 사막 고운 모래
삼천 만년 불러오고,
대서양 보이지 않는 바다에서
불어온 바람 이슬 되어
식물을 생명을 살린다

우리는 기계바퀴 소음 울리며 다가가고
너는 가장 가벼운 먼지로 온다
흙이 되어
바람이 되어
먼지가 되어 날아온 너는
결국 우리의 고향
내가 가야 할 곳이다

# Dune 45*

얼마나 사무쳐야
저토록 붉어지고
얼마나 아파야
부드러운 능선 이루고
얼마나 부서져야
이토록 고운 네가 될까

* Dune 45는 아프리카 나미브 사막에서 가장 일출이 멋진 모래언덕, 사구

## 몽마르트 언덕

노인 젊은이
아이 강아지까지
흑인 아시아인
미국 유럽인까지
제각기 다른 이유로
오르고 내린다

자동차 오토바이 자전거
대부분 두 발로
심지어 지팡이까지
몽마르트로 향한다

오늘도 몽마르트 언덕에
해 뜨고 지며

우리는 자신의 일상을
사랑한다

# 우분투

다른 사람들이 모두 슬픈데
어떻게
한 사람만 행복해 질 수 있나요?

우!
분!
투!
당신이 있기에
내가 있습니다

항상
함께 해주어
감사합니다!
행복합니다!

## 두바이 안녕


두바이야
안녕!

너는 모래 바람 흙바람
낙타의 고향
오아시스로 유목민 가슴 적셔야 했던
물기 없는 마른 땅

다른 이들의 배 약탈하고
바다 속 진주로 살아야 했던 너희는
어느 날 깊은 땅속에서 솟아난
검은 물로

전 세계 사람들이 찾아오고
세계 최고 높이 자랑하는 탑과 쇼핑의 천국
세계 최고 호텔과 화려한 분수쇼

바다 정화하여
물 마시고

그 물로 나무 키우는데

히잡, 부르카, 차도르에
갇힌 여인들에게는
아직도 사막이다

바람은 불건만
슬픈 그녀의 검은 몸에는
물이 흐르지 않는다
서걱 서걱 거친 모래알만 부서진다

## 협재 해수욕장에서

에메랄드빛 바다
자전거 탄 젊은이의 탄탄한 다리 부러워하다
야자수 나무 있는 이국적 풍경
제주도에 온 것을 감사한다

오늘도 어제와 다름없이 해가 뜨고
우리는 어떻게
삼십여 년 함께 살다
이 고운 해변가에 올 수 있었을까?

또 얼마의 세월이 흘러
이곳에 올 수 있을까?
처음 비행기 타고 설레며 왔던
신혼여행지 이 섬을

부드러운 중산간 오름 곡선
산과 언덕의 능선
샤려니 숲길 삼나무 쭉쭉 뻗은 직선
섭지코지 물과 하늘 만나는 지평선

푸른 녹차나무 늘어서 있는 미로공원

검은 돌과 풀 어우러져 있는
길가 언덕 나지막한 이름 없는 아름다운 공간들
아무 일정 없이
발길 닿는 대로 눈길 머무는대로
지천에 보물 가득

무거웠던 머리
제주 바람에 가볍게 흔들린다
푸석해진 가슴 물안개로 촉촉해진다

푸른 바다 거침없는 당당함
바람의 자유
매일 마음에서 길어 올려
하루를 시작해야지

이제 떠난다, 일상의 길로

## 여행후기

매일 더 좋은 바람 찾아 길 나서고
즐기려는 놀이 하면서도
이기려고 머리 굴리며
맛난 것 산해진미 쫓아다니다

집에 돌아오니
그리던 것 다 여기에 있네
떠나고 나니 내가 꿈꾸던 것
벌써 다 내 안에
어제 내가 감동한 하늘과 나무와 돌
그저 다른 모습으로 바로 여기에 있네

이렇게 살면 되겠네
밖으로만 돌아다니지 말고
내 안에 가득 차 있는 것
지금 옆에 있는 그대와 나누고
내 안에 없는 것 주려 애쓰지 말고
밖에 좋은 것 찾아 길 위에 헤매지 말고

내 보물 당신에게 주고
당신 보물 내가 받고
서로 바라보니
빛나는 우리!

## 나의 대지는

오르는 게 산인가?
풀이 어딘들 못 피랴
강하지 않아도 살아갈 수 있다

발 가는 곳에
바람이 마음이 뿌리 내리고
하늘만 향해 뻗으면 된다

# 오래된 나라

인류문명 발생지
흰 소와 염소가 사람과 차와 함께
도로를 걸어간다
먼지 뒤집어쓰고
헝클어진 머리카락 가진 소녀는
낯선 이방인에게 하얀 웃음 보낸다
깊게 패인 주름에
생활고의 힘듦 새기고,
온몸이 마른 할머니는
이방인에게 이승의 생활의 힘 구한다

찬란했던 그대들 역사는
지금 어디에서 꽃피우고
누구의 가슴 울리는가?
인도가 따로 없는 인도는
무법과 불법의 법과 질서 넘어
사람과 동물의 경계 허물고
시간과 공간 넘나드는
혼돈과 신의 나라

# 911

3천명의 삶이
사라졌다

폭력에 폭력으로
자살폭격기가 고층빌딩 향해 돌진하고
인간은 내동댕이쳐졌다

수많은 얼굴들이
살아있는 우리들을
바라보고 있다

그들이 사랑한 사람들
사진과 옷, 인라인 스케이트
운동복이 파괴자의 손에
무참히 짓밟혔지만
그들은 웃고 있다

우리의 죽음
헛되이 말라고

또 다른 폭력으로
기만으로 내몰지 말라고

우리는 어떤 물줄기 파고 있을까?
거대한 권력과 어둠, 폭력의 파도 속에
어떤 의지도 생각도 하지 못하는
나약한 물방울인지

어둠의 파도 헤치고
빛을 향해 거슬러 올라가는
작은 희망의 물방울인지

그들은 웃고 있다
울고 있다
묻고 있다

## 뉴욕의 크리스마스

크리스마스 트리 거리 밝히고
크리스마스 마켓이 열리며
캐롤 울려 퍼진다

홈리스 거리의 걸인들은
박스로 추위 가리고
길거리 먼지 뒤집어 쓴 지저분한 개가
그들의 옆을 지키는데

화려한 건물 밑
뉴욕의 더러운 지하철
수많은 인종들의
욕망과 집착 넘실댄다

911 구급차
찢어질 듯한 경보음
계속 울려대고

그리스도는

바쁜 뉴욕인들의
어디에 있는지 모른다

## 레드우드를 아시나요?

미국 서부 캘리포니아
뜨거운 태양 내리쬐는
비도 잘 안 내리는 건조한 땅에서
태평양 바다 안개 먹고

곁눈질 한번 안하고
오직 위만 바라보는 꼿꼿한 열정
흔들리지 않는 뚝심으로
단단하게 살아남아

지구별 가장 키 큰 나무
모세의 떨기나무처럼
불에도 잘 타지 않는 붉은 몸뚱이
푸르른 가지로 우리에게 말한다

네가 서 있는 곳은
거룩한 땅
신발을 벗으라

지금 여기가
바로 너의 성지
네가 새롭게 태어나야 하는 곳

## 당신의 월든은 어디인가요?

미국 동북부 매사추세츠 주
콩코드 시골 땅

작은 침대와
책상 하나, 의자 하나
벽난로가 있는 소박한 통나무집

이끼낀 나무
촉촉한 흙
햇살과 바람

작은 호수 하나로 충분했던
데이빗 소로우

당신은
당신이 살고 싶은 곳에
살고 있나요?

## 진주 유등 축제

태풍으로 부서지고
마음 졸였던 유등이
진주성 밝힌다

왜군과 오랑캐의 침략 앞에서
돌 나르고 쌀뜨물 흘러내리며
이 땅 지켰던 민초들의 마음처럼

힘들고 지친 우리들에게
어두운 밤
결코 계속되지 않는다고

인내의 불 지피고
희망의 꽃 피우고
서로 비난하지 말고

함께 손잡고
험난한 강 건너자고
우리의 마음에 하나씩 등불 켠다

## 오름에 홀리다

새별오름에 오른다
겨울인데도 억새풀 지천에 피어
아직도 가을인,

올라갈 때는 경사 가팔라서
서로 손잡아 준다
내려갈 때는 다리에 힘
단단히 주지 않으면 미끄러진다

한 시간 남짓 걸어 정상에 오르면
어머니 품처럼 아늑하다
바람에 걸리지 않는 풍경이 펼쳐진다

오름에 오르면
반드시 다시 온다
내일 또 다른 오름을 오른다

우리 생의 오르막과 내리막을
또 묵묵히 오른다

## 북한에도 비가 오네

아침에 일어나니
비가 주룩 주룩 내리는데
북한에도 비가 온다네

바로 강만 건너면
아니 휴전선만 없다면
철조망만 사라진다면
지척인 북한

철조망은 마음에 먼저 쳐있었네
그들도 우리처럼 웃고 울고

비가 온다네
그들도 비에 젖고
우리도 비에 젖고

젖은 몸 같이 말려 볼까
햇살 아래서

## 나답게

신발은 두 짝으로 발 편안하게

바람은 온 천지 흔들고

나무는 말없이 이 땅에 서 있듯이

집은 집답게

섬은 섬답게

하늘은 하늘대로 땅은 땅으로

나는 그냥 나

천지의 조화

아름다운 세상

## 시를 쓰는 것은

이해할 수 없는
고통을 나누는 것
헤아릴 수 없는
느낌을 기억하는 것

바람 부는 벌판에 서 있는
고단하고 외로운 삶에
다정한 친구를 갖는 것

## 참 열심히 살았네요

게으름 좀 부리긴 했지만
주어진 일 회피하거나 변명하지 않고
살아 왔어요

화려하지는 않지만
삶이 고단했지만
그래도 잘 자라 준 딸들
믿어 준 남편 덕분에
늘그막에 행복하네요

빚쟁이처럼 여기저기 몸은 아프고
좋아하는 책도
눈이 침침하고 짓물러 못 보고
이제는 병원으로 열심히 다녀야 하나요?

이제 남은 인생
열심히 살지 말아요
백수로 쉬엄쉬엄이 동네 저 동네
궂은 일 기쁜 일 기웃거리며

게으르고 재미나게 살아 보아요

그리고
너머

요즘은 지금 여기에 제대로 서 있지 못하는 느낌이다.
살아있음을 통증으로 확인하는 늙어가는 몸으로
하루하루를 살아가면서,
지는 해를 붙잡으며 점점 이 공간과 시간 너머가 궁금하다.
살아온 시간을 감사하며 또 다른 세상을 준비하고 싶다.

## 신경치료

의사는
찔러도 피 한 방울
나지 않는다고 한다
신경이 말라 비틀어져
신경을 찾기 힘들다고 한다

아픈 게 힘든 줄 알았더니
통증 없는 게
더 심각한 문제라고 한다

처음에는 작은 고통에도 아파하지만
고통이 계속되면 큰 고통도
아픔도 느끼지 못 한다

그렇게 서서히
고통조차 눈물조차 무디어 지면서
우리는 고통에서 벗어나고
삶에서 벗어나는 걸까?

# 동심원

움츠린 어깨
후줄근한 와이셔츠 아저씨
걸어간다

듬성듬성 빠진 머리카락
깡마른 중년 아줌마
한숨 쉰다

아직 잠도 덜 깬 어린 소녀
등에 멘 책가방 무거운지
터덜터덜 걸어간다

빗물 고인
물웅덩이에
동심원 퍼진다

하늘만
하염없이 쳐다보는
어린 소녀 서 있다

청춘을
시대의 고통과 가난으로
유폐당한 여대생이 보인다

엄마를 그리워하는
아이 눈망울을 뒤로 하고
직장으로, 농성장으로 종종걸음 하는 직장맘 있다

자녀들 다 떠났지만
엄마 굴레 계속 쓰는
중년 아줌마 있다

## 한숨

몸이 아프다
덩달아 마음도 힘들다
아니 마음이 먼저 지쳤는지도 모른다

내 인생의 무게는
얼마일까?
누가 올려놓은 짐일까?

운명일까?
아무도 올려놓지 않았는데
내가 부둥켜안고 가는 걸까?

누구나 지는 짐
인생의 끝에서 재보면
다 똑같다는데……

왜 우리는 나의 무게가 제일 무거운지
자꾸 돌아보게 된다
무겁다고 주저앉는다

## 심장의 무게


하루밖에 살지 못하는 하루살이
장수 누린다는 거북이
구부정한 허리로 일하는 개미
두려울 것 없는 동물의 왕 사자

모두
온몸에 피 보내며
두근거리는 심장 무게는 똑 같다
한 번뿐인 삶 버티는 힘은 평등하다

하루살이도 사자도
각자의 삶의 무게는
우주의 광년처럼 길고
깊고 위대하다

## 소리가 사라지던 어느 날


더 이상 아무 소리도 듣고 싶지 않고
보고 싶지 않던 어느 날,

소리가 사라지고
아무 것도 보이지 않고

냄새조차 나지 않고
손끝에 감촉조차 느껴지지 않고

그렇게 어둠이 왔다

한참동안 캄캄한 어둠 끝에
붙잡은 나뭇가지처럼

사라진 감각이
간절하고 애탈 때

파란 하늘 열렸다

맹꽁이 소리 귀 울리고
파릇한 풀 향기

새벽이슬
풋풋한 흙 부드럽게 만지며

몸이 떨린다
눈물이 흐른다

# 정리

아까워 차마 버리지 못해
다시 보다가
버리고 나니
보이는 빈 공간

귀한 것들

앞으로는 꼭 필요한 것만 사야지
그때 그때 정리해야지
무심코 지녀온 욕심과 집착

바쁘게만
허둥지둥 살아온 나의 그림자가
엷은 한숨 내 쉰다

# 평화

갈망하는 자에게는
쉽게 오지 않고
해치는 사람에게는
귀하지 않습니다

누구나 쉽게 얘기하고
모두 원하지만
때로는 애쓰고 싸워도
이뤄지지 않습니다

너와 내가
우리와 세상이
연결되고 사랑할 때
평화는 옵니다

뜨겁고
단단해지는 평화!

## 아파도 또 하루를


인생 메달처럼
누구나 목에 걸어야 하는
육신의 고통에서 언제쯤 헤어날까?

아프고 괴로워도
우리가 할 수 있는 일은
약을 먹고
자리에 눕고
병원에 가고

오늘도 내가 할 일
묵묵히 해내고
그렇게 또 하루 버티고 살아가다 보면

나의 삶이
나의 짐이
나의 고통이

나의 지혜로

나의 힘으로
나의 꽃으로 피어날까?

## 첫 손님

아픔이 말을 걸어온다
가장 먼저 아침 깨운다
언제나 네가 첫 손님
오늘도 고독과 친구 되고 싶다
몸과 마음 안으로만 가라앉는데
까마귀가 참새가 자꾸 지저귄다
살아 있다고
아파도 무너지지 말라고
강아지가 발로
톡톡 건드린다

# 꿈


죽은 이가 산자와 함께
이야기하고 놀고

과거가 현재처럼
현재가 과거가 되고

있을 수 없는 일이 아무렇지도 않게
현실과 상상을 넘나들고

저승이 이승처럼 생생하게
이승이 저승처럼 아련하게

버스 안에서 하늘 날고
땅이 흔들리고

저승이 여기구나
깬 현실이 더 막연하다

## 살아가는 동안

오늘 하루도
낙엽 떨구는 바람과 흩날리는 낙엽에
황홀해한다
강아지와 산책하다
뒤뚱대는 작은 엉덩이에 반하며
마주치는 강아지와
컹컹대며 짓는 기 싸움에 웃음 짓는다
손으로 만든 몇 가지 소소한 반찬으로
허기를 채울 수 있음에 감사한다
부족한 재능 나눌 수 있고
보람과 밥벌이 할 수 있음에 행복하고
이 추위에 바람 피할 수 있는 집과
안부 물어주고 밥 먹자고 불러주는 친구 있고
보고 싶은 가족이 있음에 기쁘다
평범한 일상으로 또 하루 채우고
해가 뜨고 해가 지는 자연처럼
그렇게 반복되는 순환의 흐름 속에
순하게 스며들고 싶다

## 감기 몸살

이 통증은 어디서부터 왔을까?
이 열감은 무엇과 싸우는 것일까?

온 구멍에서 나오는
눈물, 콧물, 기침, 가래, 설사

이 분비물들은
무엇을 토해내는 걸까?

몸이 살기 위해
기운이 막힌 감옥에서

뜨겁게 부딪힌다
축축히 젖은 옷에서

강물 같은 기운이
차가운 어둠을 밀어내고 있다

몸이 하늘이다

# 너머

소리 지르고 화내는 저 분노 너머
순간의 감정과 충동 너머
육체가 스러진 그 너머
자꾸 그 너머가 궁금해진다

지금 여기에 제대로 살고 있는 걸까
나이가 들수록 현실과 꿈이 혼돈되고
어제 일이 헷갈리고
안개 속에 헤맨다

보이는 것 너머
보이지 않는 것을 찾다가
앞이 아니라 뒤의 것이 손짓하고
푸른 풀을 보면
시드는 내가 사무쳐 온다

## 밥상

모래알 같은 밥알을 씹다
잠시 멈추고 가만히 보니
땀방울 흘리는 농부의 미소 떠오르고
두부 만드는 장인 손길 느껴지고
가냘픈 멸치 푸른 바다 넘실거린다

매일 먹는 밥상에
사람이 있다
바다가 있다
땅이 있다
자연이 있다

달콤하고 쌉쌀하다

## 마음이 아파

험한 세상이라고
화려한 꽃들 뒤에 아롱진 눈물 아프고
나뭇가지에 이는 바람에도
밤하늘에 찬란한 별들도 슬펐는데

내 마음이 아팠구나
사랑 못 받을까 미움 받을까
내쳐질까 버림받을까
두려웠구나

겉으로는 웃고 있지만
타인들의 아픔에는
그들보다 더 예민하면서
내 고통은 모른척했구나

아슬아슬 날선 칼 위에
숨죽이며 살아가는
내 삶의 두려움
꽁꽁 숨겨놓았구나

바보야,

이제 내 마음을 볼께
나의 눈물 바라보고 닦아 줄게
바라볼수록 보고 싶은
바보를 사랑할게

# 수용

내 아이는 아니야
다른 아이들이 문제지
네가 게을러서 그렇지

아픈 게 아니야
괜찮아
별 일 아니야

두려워 피하고 부인한 진실
점점 우리를 옭아매고
문제는 커져간다

있는 그대로
너를 받아들여
그래야 길이 보여

그때 시작할 수 있어

## 우리는 모두 바보

우리는 모두 바보
타인은 볼 수 있는데
자기는 안 보이니

거울 보아야만
알 수 있는 나의 얼굴
우리는 얼마나 자주 거울 보나

바쁜 일상
생활의 무게 짓눌려
정신없다

자기가 어떤 사람인지
무엇을 하는지
알지도 못하면서
그냥 타인의 뒤만 쫓고 있다
세상의 그림자만 바라보고 있다

## 나의 구원

나의 바람
나의 고통
나의 불안

타인의 상처
타인의 눈물에
섞여 있다

내 마음부터
내 상처부터
내 티끌부터

바라보자
안아주자
헤아려주자

나의 구원이
타인의 구원보다
먼저다

혼탁해진
마음의 눈을
먼저 닦자

순수한 사랑은
진실한 자기 이해
자기 사랑에서부터

지금
바로 여기서
꽃 피우리니

## 순종

개에게서 배운다

아무리 박대해도
홀로 외롭게 두어도
주인이 오면 언제나
온몸으로 흔들며 기뻐한다

# 예순 살 생일

회갑이 아니라
특별히 축하받지 못한 채
나이 육십이 되어버린
생일 같지 않은 생일

어릴 적 친구들 웃음소리
먹을 것 별로 없는
생일상 그리운 것도
아직 지팡이 짚는 노인도 아닌데

그 어중간함 가운데
가슴에 구멍 뚫리고
뼈 속으로 바람 불고
머리는 뿌연 안개 속 헤매다

나를 밴 부모도 없는 오늘,
아직 살아가게 하는
그 무엇 있음에 감사하며
무심한 하루 바라보고 있다

## 기도


눈물과 아픔으로
광야에 홀로 서서
간절하게 기도한다

신은 묻는다
"너의 바람이 무엇이냐?"
"진정 그것이 네가 원하는 것이냐?"

가족의 건강과 행복
합격과 취업, 승진
부와 명예, 잘 나가는 삶?

신은 인간의 육적인 삶에는 관심이 없다
자비와 평화
그것은 이미 너에게 주었다

또 다른 신의 숨결을 듣는다
"네가 바라는 것을 더 깊이 바라보아
 더 멀리 나가보아"

그냥 가야겠다
나에게 주어진 이 길을
고통 속에 숨겨진 보물 하나씩 찾아가며

신에게 가는 길의 신비는
기도 속에 있다
내 안에 있다

## 절박한 희망

내가 선택한 길
두려워도 돌아설 수 없다
중심 잡으려고 손에 근육에 힘이 간다
배는 점점 흔들리고
커다란 파도 나를 삼킬 것 같다

줄을 붙잡은 건
지켜 주리라는 믿음보다
그거라도 잡지 않으면
버틸 수 없을 것 같은 두려움
심장이 터질 듯 혈관을 압박한다

어서 지나가기만을
안전한 땅으로 도착하리라는
개미허리 같은 절박한 희망만이
물거품처럼 사라질
존재를 버티고 있다

# 구름놀이


어릴 적 풀밭에 누워
뭉게구름 새털구름
구름 타고 멀리
돌아다녔는데

이제는 여기 저기 통증에
방바닥에 누워
창밖으로 보이는
구름 보며 논다

자세히 보면
움직이는 구름
저 너머 하늘나라
거기 가면 편안할까

## 고백

더 이상
하느님의 존재를 묻지 않겠습니다
신이 있는지
지식의 잣대를 들이대지 않겠습니다
어둠의 골짜기 시련의 고통 속에
언제나 함께 해준
당신을 더 이상 외면하지 않겠습니다
신을 보여 달라고
당신을 알게 해달라고
당신을 증명해 보이라고 요청하지도 않겠습니다
당신을 앎으로
당신과 가까이 있는 것이
나에게는 평화입니다
당신의 사랑만이
영원히 변치 않는 축복입니다
이제 당신 품안에
당신이 내 안에
이 세상 끝날 때까지
그 이후에도 영원하기를 믿습니다

발문

# 땅에 발을 딛고 하늘에 마음을 올리며 살아낸 사랑의 연대기

방성예(방송작가)

1.

살아 보니 그랬다. 살면서 맺게 되는 수많은 관계 가운데, 서로 주고받는 총량이 비슷한 관계는 드물다. 어떤 이에겐 내가 더 많이 챙겨주지만, 어떤 이에게선 늘상 드리는 것보다 더 많은 것이 돌아온다. 그 차이는 마음 그릇의 크기에서 오는 것이어서, 그의 총량에 도전해 보기도 하지만 대체로 넘을 수 없는 벽이다.

하지만 내 그릇에 넘치도록 받은 마음은 따뜻한 잉여가 되어 나에게서 다른 이에게로 흐른다. 그래서 우리들의 인생은 누군가에게 빚지는 자이며 가끔 누군가에게 은혜로운 자가 된다.

나에게 있어 김유미 선생님과의 관계는 후자에 속한다. 우리가 알아온 시간이 벌써 20여 년쯤 되었건만 그녀에게 나는 대체로 '받는' 쪽이었던 것 같다. 가진 것 없이 신혼생활을 시작한 글쟁이 부부를 어여뻐 해주셨고, 당신 고3 큰아이 인생이 달린 수업을 맡겨 주셨고, 첫아이 낳아 안고 갔을 때 크게 축복해 주셨고, 사는 게 팍팍해 진로 고민을 하던 때마다 지혜로운 조언들을 아끼지 않으셨다. 하다못해 소소하게 주고받는 선물에서도 나는 언제나 그분의 마음 그릇을 따라가지 못했다.

그래서다. 감히 그녀의 인생이 담긴 시집에 사족이 될 이 글을 쓰게 된 이유는. 선생님이 축사이자 해설문이자 추천사 비슷한 글을 부탁해 오셨을 때 '그간 넘치게 받은 마음의 총량을 이번 기회에 뒤엎으리라' 그렇게 수락을 했더랬다.

하지만 작품을 한 편 한 편 찬찬히 읽으면서 나는 곧바로 후회했다. 이 인생의 치열함과 묵직함을 내가 어찌 말할까. 시대와 세월과 단단한 희망을 품고 살아온 육십 평생의 연대기를 내가 무슨 수로 감당할까. 받은 감동에 비해 드리는 글이 허접하니, 이번에도 나는 선생님과의 주고받음에서 받은 것이 더 많다.

## 2.

 김유미 선생님을 안지 꽤 오래 되었지만 시를 이렇게 가슴에 품고 사는지 미처 몰랐다. 조개처럼 일상의 감정과 생각을 품고서 여러 날 빚어냈을 그 언어들은 꾸밈없이 진솔하고 담백하다. 평소에도 늘 담백하게 웃고 계셨던 얼굴과 똑같다. 내가 열 마디 말을 하면 스무 번 고개를 끄덕이며 듣던 그 표정이 생각난다.

 함께 일하는 동료들 사이에서 신뢰받는 전문가. 다정다감한 아내, 그리고 두 딸을 훌륭하게(!!!!!) 키운 엄마. 이 시집의 맨 앞에 세운 작품 「나무와 꽃」처럼 단단한 위로와 결속으로 일구어가는 행복. 아름다움을 즐길 줄 알고 세상에 대한 호기심까지 왕성한 그녀라니. 질투심 없이 부럽고 사심 없이 닮고 싶다.

 벌레와 사람

 우리 모두
 서로를 껴안습니다

 거친 얼굴 어루만지고
 주름살 펴주며

굳은 허리 두들겨 주고
눈빛으로 이야기 나누니

봄입니다!

―「나무와 꽃」 전문

개인적으로 나는 삶의 희로애락도 총량의 법칙이 있다고 생각한다. 산이 높으면 계곡이 깊듯이, 인생에서 겪어야 할 희로애락은 시기와 강도의 문제일 뿐 누구에게나 치러야 할 총량이 있는 것 같다. 젊어서 부지런히 고생하면 노년이 편하고, 좋은 일에는 묘하게 나쁜 일도 따르고, 또 나쁜 일 속에는 반드시 나쁜 것만 있지 않으니 이 순간 우리에게 일어나는 행복도 고통도 과거 또는 미래와 연결되는 대가이며 복선이다.

그러한 점에서 선생님의 행복은 치열하게 살았던 젊은 날과 닿아 있다. 학생운동, 서울대병원 노조위원장, 1년간의 감옥 생활과 두 번의 옥고, 전국 병원노동조합연맹 위원장. 옳다고 믿는 일을 삶으로 치러낸 이들의 결기와 아픔이 '무너진 함성 1980' '너는 웃지만'과 같은 시에 담겨 있다. 이 역사는 그녀의 청춘을 관통했다.

접견창 너머로
보이는 흙빛 얼굴,

황토빛 수의와 어울리는
짧고 더부룩한 머리.

(중략)

당신의 아내는
행여나 오늘일까
기다림에 목이 길어지고
안타까운 눈동자로 서로를 나누며

제대로 보지도 못하고
돌아가는 길은 무겁기만 하고,
눈물로 시작하는
고통의 그 끝은 어디에
─「너는 웃지만」부분

고통의 끝은 어디냐고 묻고 있지만, 나는 생각한다. 적어도 김유미 선생님에게 그 끝은 시가 아니었을까. 고통도 희망도 시로 품어내고, 아름다운 날도, 쓸쓸한 날도 시로 풀어낸 나날. 그 시들은 한사코 삶을 노래하고 있지 않은가.

서린 한기 속에

보랏빛 향기 머금은 나팔꽃
　　활짝 웃는다

　　저녁에 지고야 말겠지만,
　　우리 인생에 저 꽃처럼
　　황홀하게 아름다운

　　화양연화,
　　한 번은 꼭 있으리
　　아니, 매일 꽃 피우리
　　　　　　　　　　―「화양연화(花樣年華)」 전문

　'매일이 화양연화'라는 싯구가 화려한 수사로 들리지 않는 이유가 있다. 적어도 그는 '시를 빗대어 사는 이가 아니라 삶을 시로 풀어내는 이'라는 믿음 때문이다. 대부분 쉽고 간략한 일상어로 이루어진 그녀의 시들은 일상에서 마주하는 일들을 새롭게 읽어내고, 끝끝내 희망을 발견한다. '희망적인 것'이 아니라 '희망'을 말이다.

　　남들이 다 잠든 밤에도
　　소리 없이 제 일
　　하는 사람이 있어

쉬지 않고 비 내리고
마른 흙 적시어 촉촉해진 땅은
생명 품을 수 있어

(중략)

낮에는 울지 못한 그들이
밤새 슬픔 비워내고
동 트면 새 세상이야,

아침이야!
—「밤에 내리는 비가 들려주는 이야기」 부분

## 3.

울었다. 울지 않을 수 없었다. 두 딸의 어머니이기 전에 그녀는 어머니의 딸이다. 나도 그렇다. 선생님이 어머니를 다른 세상으로 보내며 쓴 시들은 고요하면서도 격정적인 슬픔에 차 있다. 사진을 언어로 옮긴 듯, 어머니를 보내야 했던 날들이 고스란히 담긴 이 시에는 이 세상 딸들과 이 세상 어머니들이 다 담겨 있다.

그러니 울지 않을 수 없다. 그녀도 시를 쓰면서 많이

울었을 듯하다.

> 하얀 백발
> 백 살 다 되어가는
> 뼈만 남은 어머니
>
> 가쁜 숨 몰아쉬면서
> 안 아프단다
> 힘든 데 없단다
>
> (중략)
>
> 엄마는 아파도 늙어도
> 하직하는 그 순간에도
> 엄마이기를
> 포기하지 않는다
>
> 나도 절대로 엄마를 포기하지 않겠다
> ―「엄마 가지 마」 부분

 절대로 엄마이기를 포기하지 않겠다는 '천생 엄마' 김유미 선생님, 그녀의 두 딸은 현재 최고의 전문직 여성으로서 자신의 길을 가고 있다. 재능도 뛰어나지만 성품

또한 참 매력적이어서 나는 내내 어떻게 하면 딸을 저렇게 잘 키우나 궁금했는데, 이제야 깨닫는다. 묘수는 없다. 엄마로서 최선을 다해 엄마의 자리에 있는 것. 사랑하지만 있는 그대로 존재를 인정해주는 것.

  말처럼 쉽지 않은 일이기도 하다. '딸에게 보내는 편지'에서 선생님 또한 시인이 아니라 영락없는 '엄마'로서 당부(혹은 잔소리)를 잔뜩 늘어놓으신 걸 보니…….

> 오늘도 너는 환자들 돌보고
> 끝없는 환자들의 요구 들어주느라
> 다리 붓고 잠도 못 자며
> 피곤한 얼굴이겠구나
>
> (중략)
>
> 아직 너는 너의 길 찾지 못했다고 했지
> 소명은 쉽게 찾아지지 않아
> 간절하게 자신의 길 찾다보면 다가오기도 하고,
> 너에게 주어진 길 걷다 보면 깨닫게도 된다
>
> (중략)
>
> 그리고 우리 딸이

더 많이 웃고,
세상의 즐거움 더 풍성하게
누렸으면 좋겠다

친구들과 더 많이 놀고,
동료들과 '좋은 병원' 만들고
좋은 의사 되기 위해
더 치열하게 논의하거라

(중략)

―「딸에게 보내는 편지」 부분

4.

  인생은 흔히 여행에 비유되지만, 김유미 선생의 삶에서 부러운 것 중 또 하나는 바로 진짜 '여행'이다. 50대 후반에 오랫동안 소망해왔던 아프리카 여행을 감행하는가 하면 미국 동부에서 서부를, 프랑스 파리를 부지런히도 다닌다.
  해외뿐만 아니라 국내 구석구석도 틈만 나면 여행을 한다. 덕분에 선생님의 사랑하는 반려견 몽이가 한동안 우리 집에 맡겨져, 강아지 키우는 게 소원이던 우리 큰 딸이 소원을 풀기도 했다.

  두루 세상을 돌아본 선생님은 세상의 아름다움을 여러 편의 시로 기록했으나 결국 내 눈은 다른 한편의 시 「여행후기」에 머문다. 그래, 우리는 돌아오기 위해 떠나는 것이었지. 인생의 가장 큰 여행지는 바로 오늘의 일상이며 내 옆에 있는 사람이었지. 그야말로 '빛나는 우리'가 되는 깨달음이 반짝거린다.

    (중략)

    집에 돌아오니
    그리던 것 다 여기에 있네
    떠나고 나니 내가 꿈꾸던 것
    벌써 다 내 안에
    어제 내가 감동한 하늘과 나무와 돌
    그저 다른 모습으로 바로 여기에 있네

    이렇게 살면 되겠네
    밖으로만 돌아다니지 말고

    (중략)

    내 보물 당신에게 주고

당신 보물 내가 받고

서로 바라보니

빛나는 우리!

― 「여행후기」 부분

  그러고 보니 나와 김유미 선생님의 나이차는 열 살 정도이다. 선생님이 훨씬 어른스럽다. 철모르는 어린 시절에는 나이를 먹으면 저절로 어른이 되는 줄 알았다. 하지만 그렇지 않았다. 나이만 많은 어른은 많고 진짜 어른은 적다. 진정한 어른이 되는 이들은 반드시 성장값을 치른다. 수많은 물음표와, 수많은 번민의 밤. 고통을 버티고 희망을 만들어가는 나날 속에서 굵어지고 성숙하는 이들만이 '진짜 어른'이 된다.

  그런 뜻에서 이 시집은 멋진 어른으로 먼저 살아 간 이가 인생의 후배들에게 놓아주는 다리인지도 모른다. 사십대 이후 그녀가 펼쳐 놓은 마음의 풍경은 실로 훌륭한 어른 지도이다. 땅에 발을 딛고 하늘에 마음을 올리며 살아낸 사랑의 연대기다. 그래서 앞으로도 나는 오래오래 그녀에게 신세를 질 작정이다.

  이 시집의 마지막 편, 김유미 선생님이 신 앞에 내 놓은 저 결연한 '고백'은 결코 쉽지 않았을 것이다. 저기에는 인생의 많은 깨달음이 녹아 있다. 그래서 존경스럽다. 이 시에 A-men을 바친다.

더 이상
하느님의 존재를 묻지 않겠습니다.
신이 있는지
지식의 잣대를 들이대지 않겠습니다.
어둠의 골짜기 시련의 고통 속에
언제나 함께 해준
당신을 더 이상 외면하지 않겠습니다.
          －「고백」부분

## 축하의 글

눈덮인 히말라야를 넘어 온 바람은 안다.
오랫동안 그녀를 필사해 온 바람들은 전한다.
그 바람들을 붙들어 활자로 만든 것들만
고단한 삶을 살고 있는 가슴까지 찾아갈 수 있는
마음이라는 것을
축하한다 당신과 휴식 같은 당신의 시집을~

― 정헌섭(시인, 풀잎대안학교장)

 가슴이 두근두근하였다. 책으로 나오기 전, 선생님의 원고를 앞에 두고 괜스레 설렛다. 일기와 다름없는 시 속에는, 내가 선생님을 만나기 전 봄과 여름 시절이나 상담실에서 함께 일한 가을의 시간이나 변함없는 사람이 숨 쉬고 있었다.

시를 배운 적 없으니 잣대가 큰 의미 없고, 시집으로 얻고자 하는 게 없으니 재단할 필요도 없다. 거친 시대와 사회를 외면하지 않은 운동가로, 딸과 아내와 엄마 노릇에 혼신을 다한 개인으로서의 분투는 읽는 이의 삶도 돌아보게 해 준다. 한 사람의 치열하면서 부드럽고, 강인하면서 따뜻한 일생이 담긴 시들은 읽는 이들에게 분명 선물이 될 거라 여겨진다.

근래 선생님은 오랫동안 살아온 아파트와 상담실이 있던 오피스텔 고층에서 내려와, 마당 있는 집으로 삶과 일의 터전을 옮기셨다. 낮은 곳에서, 소박한 마당을 가꾸며, 흙을 밟고 계신 모습이 평온하고 아름답다.

"처음이자 마지막이야"라고 하셨지만 여기서 시집 『그대가 봄 2』가 이어질 것 같다. 그리고 또, 선생님 인생의 '화양연화'가 어쩌면 지금부터 일지 모른다는 생각이 든다.
― 명창순(동화작가, 더북 독서치료연구소 대표)

축하의 마음을 전하며 선생님과 선생님의 시를 생각해 봅니다. 한동안 시 짓기 모임을 같이 할 때 한 번도 빠짐없이 자작시를 준비해오던 선생님의 성실함과 밝은 미소가 떠오릅니다. 담백하고 든든한 쌀밥 같은 시들을 스스럼없이 지어오던 선생님이 머지않아 시집을 내겠구나 싶었는데 제 예감이 적중했습니다.

보내주신 시집 원고 잘 읽었습니다. 삶에 대한 겸손함, 자신과 타인에 대한 존중의 시어들이 '설거지'나 '세수'를 하다가도 튀어나오고, 삶의 긍정과 희망을 '철쭉'을 보다가도, '겨울하늘'을 보다가도 술술 소환시키는 '선생님의 내공이 보통이 아니었구나' 깜짝 놀랐습니다.

이순(耳順)의 언덕에서 불어오는 김유미 선생님만의 공감과 위로와 순응과 감사의 시어가 제 마음을 따스하게 어루만져 주었습니다.

평범한 일상으로 또 하루 채우고/해가 뜨고 해가 지는 자연처럼/그렇게 반복되는 순환의 흐름 속에/순하게 스며들고 싶다"(「살아가는 동안」)는 선생님의 고백이 저에게도 세상에도 '순하게' 스며들었으면 좋겠습니다.

― 최영민(시인, 대전여성단체연합 상임대표)

며칠을 두고 나뭇가지를 타고 오르던 박이 오늘 아침, 꽃망울을 터트렸습니다.

휘영청한 달빛 속에 펼쳐진 어린 시절 꽃의 실루엣은 삶에 지친 저녁나절이면 때때로 찾아와 나를 어루만져 주었습니다.

무언가 할 말이 있는 듯한, 그러나 한발 물러서서 부드럽게 흘러내리는 박꽃은 유약의 우려를 불식시키고 스스로 삶의 중심추가 되는 보이지 않는 힘이 있었습니다.

생각해보면, 그녀는 박꽃을 닮았습니다.
유려한 선의 힘이 있는 여인이었습니다.
삶의 쓸쓸함이 먼지같이 일 때면 여지없이 단단한 손길을 내어주는 오롯한 등불을 든 여인이었습니다.

우리 경주이씨 집안의 탐스런 박꽃이었습니다.
지적인 탐구에 끊임없는 열정을 보이면서도 집안의 자잘한 문제들을 따뜻한 눈길로 감싸주는 '김유미' 씨를 알게 되고 본받게 된 것이 또한 저의 큰 성장이 되었습니다.

어디든 앉은 자리마다 '맑고 밝고 순한 꽃자리'로 만드는 힘이 있는 따뜻한 사람.

오늘의 시집 출간을 깊이 축하드리고 하루하루 청신한 바람과 햇살이 늘 함께 하기를 바랍니다.

— 권오순(시인, 동서)

처가 글을 잘 짓는다는 것은 알았지만, 또 꾸준히 시를 쓰는 것은 알고 있었지만 어느 날 한 뭉치의 시를 읽어 보게 되었을 때 다시금 우리의 지난 시간을 되돌아보게 되었습니다. 일상의 분주함에 훌쩍 지나간 시간이 글로 엮인 것을 되새기면서 기쁨과 슬픔, 아쉬움, 즐거움과 힘들고 어려웠던 지나온 일들이 그림처럼 떠올라 어느새 60의 나이를 지나면서도 우리 앞에 놓인 시간이 기대됩니다. 시집 출간을 후원하는 즐거움을 한길, 한솔 아이들과 사위 범준, 그리고 몽이와 함께 하며 응원합니다.

— 이창희(연구원, 짝)

심지시선

# 그대가 봄

**2020년 9월 10일 초판 1쇄 발행**

지은이 김유미
펴낸이 윤영진
편집 함순례
홍보 한천규
펴낸곳 도서출판 심지
등록 제 2003-000014호
주소 34570 대전광역시 동구 대전천북로 12
전화 042 635 9942
팩스 042 635 9941
전자우편 simji42@hanmail.net
ⓒ 김유미 2020
ISBN 978-89-6627-191-7  03810
* 저자와의 협의에 의해 인지를 생략합니다.